만인시인선 · 20

초록 교신

권국명 시집

초록 교신

만인사

자 서

나는 시집에 대한 애착이 별로 없다. 내 생각대로 말하면 시집은 사후에 사람들이 필요하면 내는 것이 좋겠다는 생각이 든다. 허나 그것을 또 고집할 수도 없는 일.

깊은 수미(邃美)의 바닥에 묻혀있는 침향(沈香)이 물밖에 나와 제 몸을 사루는 은은한 향기. 내 생과 시로 찾아 헤매었던 것, 그렇게 살고 싶었던 그것, 오랜 연의(煉意)와 연품(煉品) 후에 찾아오는 한미(閒美)하고 청적(淸適)한 시와 삶을 어디서 찾겠는가.

대구 동릉재에서

차 례

자서 —— 5

1

시 —— 13
오래 된 판화 —— 14
첼로 —— 15
초록 교신 —— 16
행로에서 —— 17
푸가 —— 18
前言語 —— 19
부켄베리아藏 —— 20
흙 위에서 —— 21
분꽃이 진 자리 —— 22
데드 마스크 —— 24
모란꽃 이마에 받쳐들고 —— 25

차 례

나는 다시 노래하련다 — 26
난분 — 28
땅의 낮은 곳 — 29
기행 — 30
동풍에게 — 31

2

고요 — 35
잠 안오는 밤 — 36
유리시즈의 꿈 — 37
그대를 보았다 — 38
동생에게 — 39
저녁 시간 — 40
부재에 대하여 — 42
봄 — 44
목구멍 소리 — 46
1980년의 겨울 — 48

차 례

낯선 거리에서 —— 50
낯선 풍경 속에서 —— 52
바람에게 —— 54
현대백화점 —— 56
봉고차, 혹은 무서운 폭력이 —— 57
오늘이 그날이듯 —— 58

3

봄 강물 —— 61
지상의 밤 —— 62
빛나는 것은 —— 63
교외에서 —— 64
꽃 —— 66
불국사 —— 67
行吟 —— 68
놓아 주어라 —— 70

비슬산 — 72
발돋움하여 — 74
12월 — 76
대구 근교 — 77
기쁜 날 — 78
팔공산 — 80
집을 묻기에 — 82
눈물 — 83

4

戱言 — 87
석남꽃 — 88
여름날 — 89
行吟別章 — 90
散調 — 91
쑥대머리 · 1 — 92

쑥대머리 · 2 —— 93
바다 소리 속에는 —— 94
연꽃과 —— 96
失題 —— 97
偶吟 —— 98
눈 마주쳐 —— 99
가을물 —— 100
봄 햇볕 —— 102
小曲 —— 104
고독의 書 —— 105
연꽃 벙그는 —— 106
青蛙 —— 107

| 시인의 산문 |

R형에게 —— 108

1

시

모든 이슬과 모든 아침
가운데서
가장 맑은 이슬과 아침으로,
모든 장미 가운데서
가장 향그러운 영혼으로 핀,
빛나는 아르케.
너 축복의 日月이여,
이슬의
아침의
그 장미, 투명한 표지.

오래 된 판화

긴 낭하에는 반쯤 햇살이 들어와 있다. 이 사막에서는 빛도 하얗게 바래어 모서리가 푸석푸석 떨어져 나간다. 난간 쪽으로 늘어선 둥근 기둥들은 반원형의 아취를 받들고 서쪽 정원 끝으로 이어져 있다.

적홍의 장미가 초록 잎새 위에서 피를 뚝뚝 흘린다. 알함부라 궁전이 그림자의 뒤쪽에서 무겁게 몸을 눕힌다. 당초문인가, 어떤 정신의 흔적이 그 풍경 위에 잊혀진 기호를 그린다. 당초문이 아니라면 아라베스크 무늬, 희게 탈색된 언어, 詩.

첼로

그 여자가 첼로를 안고 있다.
아름다운 남자 같은 첼로를
그 여자는 둥글게 끌어안는다.
깊고 두터운 어두운 소리가
빛나는 상징처럼
활과 현을 떨게 한다.
늙은 바흐의 일기장이 그의 관 위에서
바람도 없는데 열렸다가 닫힌다.

초록 교신

초록과 초록으로 이어진
끝없이 은밀한 길이 나의 내부에 있다.
처음에는 내 손 끝에서 자잘한 풀잎으로,
다음은 내가 가지를 뻗은
앵두나무와 대추나무밭을 지나
오월 넓은 하늘에 가 닿는다.

앵두나무 하늘에는
앵두나무꽃이 그린 기호,
지금 막 태어난 어린 아해 같은 싱싱한 말이 있어
물 없고 바위와 모래뿐인
물 없고 바위와 모래뿐인·도시,
물 없고 바위와 모래뿐인 도시에서
이 초록의 길을 따라 나가
아주 먼 우주 저쪽에 살아있는 너에게
초록의 말로 교신할 수 있으리.

행로에서

나는 이제 쓰디쓴
엉겅퀴 가시가 내 몸을 붙잡는
저 길을 걸어 가야겠다.

향미사처럼 몸서리치는
붉은 비늘을 번쩍이며 기어서,
노래해도 소리나지 않고
춤추어도 돌아보지 않는
대낮의 정적과도 같은
저 길을 뚫고 지나 가야겠다.

나는 이제 향미사처럼
쓰디쓴 엉겅퀴 갈기가 내 몸을 붙잡는
숨막히는 저 길을
다시 걸어 들어 가야겠다.

푸가*

크라브상 위에 놓인 바흐의 일기가 바람에 푸르르 날린다. 낡은 책장은 빛이 바래어 하얗다. 바흐의 건조한 일생이 다시 한번 아마빛으로 마른다.

토카타로 건너가는 제3장의 한 마디에서 호른과 그것을 안고 있는 젊은이가 제 기법 때문에 범법의 비밀한 심미성을 몰래 들킨다.

바흐는 어떤 신처럼 이 도시에서는 흰 탑과 나무 사이에서 모서리가 하얗게 지워진다. 이곳에서는 사람들이 메마르게 잊혀져서 모서리가 하얗게 이지러지는 텅빈 石膏質이 되는 것이다.

---

* Fuga

前言語

빛이 어둠 속에서 돋아나듯이
암흑 속에서 언어가 돋아난다.
꽃, 바다, 나무, 고독
그 이마와 눈언저리가
암흑의 고요 안에서 두렷하게 돋아난다.
오, 캄캄한 꽃이여,
캄캄한 바다, 나무, 고독이여,
알 수 없는 암흑의 고요 안에서
두렷한 무늬를 이루는
前言語의 형상인 사물이여,
시인의 다정한 처녀들이여.

부켄베리아藏

엽맥이 실핏줄처럼 돋아 있는 잎사귀 사이로 잎새보다 큰 꽃이 핀다. Bucanveria, 세 개의 花瓣이 불을 켠 지등처럼 두렷이 마주 보고 서서 花冠의 중심에서 돋아오른 또 세 개의 꽃술을 종이학처럼 감싸고 있다.

이 꽃은 윤정이라는 처녀 아해가 나이 설흔이 넘은 그해 봄에 어느 꽃집에서 구해다가 내 적정처에 가져다 놓은 것인데, 여름이 지나 늦은 가을에 그 아해는 시집을 가고 그 나이 또래의 젊은이들이 모여 우리가 '예술적 과정에 관한 심미적 해석학' 이라고 불렀던 선외선도 작파한 뒤, 오래 사람의 자취가 끊어진 자리에서 꽃은 三冬을 혼자 지내더니, 봄이 되어 내가 離微에서 돌아오니 꽃은 다시 눈부신 햇살 아래 제 몸을 비추어 처음 그 자리의 한소식을 선연히 열어 보이는 것이 아닌가.

내가 강물 깊은 寂默의 자리로 들어선 날, 문득 저 꽃이 비추어 내는 고요하고 적적한 그 자리가 곧 부켄베리아 藏임을 알겠다.

흙 위에서

환멸이 나를 가르쳤다.
환멸에서 나는 흙처럼 새롭게 되었다.
풋풋한 흙 위에 맨발로 서면
내 몸의 실핏줄들이 뿌리처럼
대지에 엉겨 붙는다.
쿵쾅거리는 대지의 맥박,
오, 터지는 천체의 심장
시는 여기서 강력해지고
환멸이 관통한 역사를 빠져 나온다.
이 축복의 날,
나는 환멸을 모르는 친구에게
여기서 시작하자고 말하련다.
이 순결과 결백의 등성이 넘어
내 몸이 엉겨붙는 흙 붉은 위에서.

분꽃이 진 자리

분꽃이 지고 난 다음
분꽃이 진 자리에 서서
고운 눈매로 죽은
윤동주를 생각합니다.

육첩 다다미방에서
가난처럼 맑고 깨끗해지며
혼자 괴로워하던 그의 모습이
지는 분꽃 속으로 보입니다.

그보다 더 오래 살아
흙 묻은 진펄에 내려앉은 나의 삶,
발돋음하여 발돋음하여
저 분꽃이 피워올린
분꽃의 하늘로 살고 싶었던
나의 설흔다섯 살의 나이가
부끄럽게, 지는 분꽃 속으로 떠오릅니다.

분꽃이 지고 난 다음
분꽃이 진 자리에 서서
나는 부끄러운 나의 설흔다섯 살의 나이를 지우고
분꽃처럼 찬란하게 다시 필
또 다른 하늘을 기다려도 좋습니까.

데드 마스크
— 젊은날의 어떤 기억

이형의 사랑 이야기에는
비릿한 빗물 냄새가 난다.
춘천 군의관 시절
젊은 간호장교와 같이 산
그 여름 냄새가 난다.
그 후에
당신은 海圖에도 없는 「겨울섬」을 쓰고
'떠나 있거라, 오래 오래,
밤에는 바람이 세게 분다.*고 흔적도 없이 지나가듯
아메리카로 떠나버렸다.
랭보가 아비시니아로 가버리듯이,
풀잎과 이슬의 시대
신선하던 내부의 목소리는 죽고
그 안
에 눈 먼 비둘기가 한 마리 앉아 있었다.
허어연 비둘기,
버려진 시대의 버려진 데드마크스크가
던저져 있었다.

---
*李昌潤의 시

모란꽃 이마에 받쳐들고

모란꽃 핀 자리에 와서
모란꽃 핀 것을 들여다 보니,
이 꽃은 내가
스무 살 청년의 앳된 손으로 잡았던
첫사랑 처녀가
모란꽃 눈부신 얼굴로
나와 마주 보고 있는 것이 아니냐.

내 희망의 나날들 가운데서
쓸 데 없는 낭비와
어질머리 나는 밤과 떼거지와
또 얼룩진 눈물도 모두 몰아내고.
모란꽃 핀 날
화안한 희망과 사랑만으로
모란꽃 이마에 받쳐들고 절룩거리며 가리.

나는 다시 노래하련다

산다는 것은 혼자 울고 있는 것이라고
나는 젊은 나이에 노래한 적이 있지만
산다는 것은 또한 기쁜 잔칫날이라고
오늘 다시 노래하련다.

눈물도 기쁨이라고,
꽃 핀 봄날 들녘에 서서
푸릇한 먼 등성이나 그 밑에 엎드린
人家를 바라고 서 있으면
절로 눈물 난다고,

눈물도 기쁨이라고,
생명은 기쁜 잔치라고,
해와 달과 온갖 꽃과
벌과 제비와 나비새끼와
사람과 사람과 사람이
이 잔칫날에 모여든 기쁜 손님이라고,

산다는 것은 기쁜 잔치라고
오늘 나는 다시 노래하련다.

난분

蘭盆 하나를 누가 가져다 놓아
십년을 군색하게 같이 지냈다.
산 속 같은 신학교의 연구실.

학교를 옮기고
북쪽 방을 얻어
치운 겨울을 함께 지내더니
이른 봄 꽃대를 뽑아 올려
아, 이 올연한 개화.

십년만에 처음 보는 꽃,
내 시의 業만큼
더디 더디 핀 꽃.

맑은 향기로
이 결핍과 답보를 밀어올리는
그윽한 미소,
버린 것에서 돌아오는 넉넉한 응답.

땅의 낮은 곳

나는 이제 땅의 낮은 곳,
낮은 곳과 낮은 곳 새이
거기 철이와 남이가 집을 짓고 사는 곳,
강물이 흐르고
시들지 않는 바람꽃이 피는 곳,
여름이 가고 가을이 와서
열매와 과실이 붉게 익는 곳,
강물이 흐르고 바람이 불고
시들지 않는 바람꽃이 피는 곳,
나는 이제 땅의 낮은 곳으로 와서.

기행

눈 덮인 알타이산맥 저 쪽
마른 바람 부는 고비사막 너머
설산이 있다고,

눈을 머리에 이고
오천척 상공 서늘한 적란운 층에
지긋이 머리를 기대고
사유수에 들었다고,

차고 맑은 고원,
일말의 바람에 고추서는 꽃대
모두 기진한다.

동풍에게

오늘은 바람이 불고
나는 울고 있다.

바람 속에 머리를 풀고
바람 속으로 달려 가는 저것,
기쁨인듯 눈물인듯 아, 노래인듯
바람 속에 머리를 풀고
바람 속으로 달려 가는 저것,

오늘은 바람이 불고
나는 혼자 울고 있다.

2

고요

바람이 분다.
다시 살아야겠다.

꽃이 피고 열매가 열고
그 자리에 다시 고요가
그윽히 차오를 때까지,

사람들이 왔다가 가고
물이 흐르고 세월이 가고
그 자리에 고요가 다시 고일 때까지,

나는 다시 살아야겠다.
바람이 분다.

잠 안오는 밤

잠 안오는 밤이 잦아졌다.
마흔 아홉의 나이
가슴이 타오르던 한점 불씨도 사그러지고
서늘하게 저려오는 마음.

못견디게 간절한 원이 있었느니라.
세상 끝까지 가서
그래도 못잊을 허원이 있었느니라.
장엄한 황혼과
이내 뜨는 별에게도 부끄럽지 않은
크낙한 사랑이 있었느니라.

그러한 불씨도 빈 들녘에서 잦아지고
이 적적한 육신과 혼으로,
한밤에 문득 멀리서 부르는 소리,
그 쪽을 바라 깨어있는,
잠 안오는 밤이 잦아졌다.

유리시즈의 꿈

숲에는 여름이 왔다.
새벽 1시의 잠 속에서
나는 젖은 몸으로 돌아눕는다.
내 뼈는 서걱이고
내 몸은 상하고
내 노래는 바다에 잠긴다.
허무의 깊이에서 페넬로프는
흰 손을 들고 승천한다.
이다카의 하늘이었을까,
잠시 푸른 하늘이 열렸다가 닫히고
나는 아침까지
피 흘리며 쓰러진다.
하느님 하느님
어찌하여 나를 버리십니까.

그대를 보았다

밤 자정 화전동 골목을 지나가는
낯익은 뒷모습,
술에 젖어 비틀거리는 그대를 보았다.
아직도 그대가 싸우고 있는 싸움은
덜 끝났는지.
술에 골은 굽은 어깨가
완강히 버티고 있는 것은
아브상 쥬르.

그 쪽에서 발을 씻은 나는
3년 동안 푸른 소나무숲과
아침의 이슬들을 키우면서,
고독의 뒤에 숨어 있는
마지막 빛을 찾아내면서
더딘 세계의 끝을 헤매었다.
그대가 화전동 골목길에서
야수의 머리털을 흔들며
허무의 저 쪽 끝을 가고 있는 동안.

동생에게

따리아도 피고 우리들의 마지막 꽃인
국화꽃도 피었다.
너는 이제 돌아 오너라.
조금 굽은 어깨로
코 끝에 안경을 얹고
손이 희고 목이 긴 너는
네가 못잊어 하던
너의 노동자로부터
함성과 선언문과 또
그 같은 모든 순서를 두고
이 곳으로 오너라.
이 곳에 와서
네가 가진 연민과
네가 가진 양심이
또 하나의 부끄러운 자책이 아니었는지,
너는 우리들의 마지막 꽃 앞에 와서
다시 한번 너를 생각해 보아라.

저녁 시간

밤들어 축축한 공기 중얼거리며
더욱 밝은 중앙통으로 모이고
젖은 물방울들 안개처럼 따라와
술집 유리창에 얼굴 부빈다.
세상의 모든 문은 안으로 닫히고
저녁의 새롭고 낯선 문들이 열려
사람들 천천히 거기로 몰리고,
카바레 불루블랙이 있는 골목 옆으로
수병이 하나
방금 만난 여자의 가슴에 손을 넣는다.
여자는 몸을 비틀며
수병에게 아양 떨며 달라붙는다.
오, 아직도 지상에 남아 있는 애증,
사랑은 충동에서 시작되고
환멸에서 끝난다.
빌딩의 높은 방들 불빛 찬란하게 밝고
모든 여자의 성이 창가에 와 걸린다.
그러나 노래 뒤에 불빛과 풍경 뒤에

플루토늄의 달이 떠 있어
불빛과 풍경의 안쪽을 조용하게 비춘다.
투명하게 드러나는 밤과 기계의 그림자 뒤로
도회의 꿈이 보이고
낮에는 빛났던 모든 순결의 城이 무너진다.

부재에 대하여

가을 어스름,
길게 뻗은 제방 위에
청년이 하나
고개를 숙이고 지나간다.

제방 끝에서
그는 어둠에 묻혀 버렸는지
갑자기 그 자리에서
보이지 않는다.

가을의 어떤 막막한 깊이로
빨려들어 갔을까.
그는 그쯤에서
에테르로 풀려버린 것은 아닐까.

존재의 알 수 없는 두려움이
커다랗게 벌리고 있는 입,

다시 눈을 주어도
그는 그 자리에서 보이지 않는다.

봄

마음이 무거운 사람에게는
복사꽃도 무겁다.
복사꽃 나무등걸의 검은 역사가 무겁고
말이 없어 이야기가 없는,
이야기들이 없어 신화가 소멸한
검은 등걸의 역사가 무겁다.

근심하는 봄이여, 무거운 마음이여,
복사꽃도 어제의 복사꽃이 아니고
봄도 어제의 봄이 아니다.
새로운 버젼이 나오고 나오듯이
경쾌하게 출고되어 나오고 나오듯이
역사는 무수한 유서 안으로
가볍고도 무겁게 떨어질 것인가.

근교에서 자세히 보니 복사꽃만도 아니다.
앵두나무, 대추나무, 능금나무, 그리고 고달픈
우리의 삶이 베어 있는 창문마다 피어나는 꽃이

역사의 비탈을 떠메고 있다.

마음이 무거운 사람에게는
봄도 어제의 봄이 아니듯이
검은 등걸을 뚫고 피어나는
이 개화가 어제의 개화가 아니다.

목구멍 소리

밤 12시 우리들이 술취해 돌아오는 시간에
미 8군 갬프워크 근처에서
삼색의 불을 켜고 헬리콥터가 뜬다.

김수영이 노래한 저 자유의 소음 끝에
문득 와 닿는 노오란 서양인의 냄새.
우리들의 어린시절, 번들거리는 빈 깡통과
배고픈 날 모여와 뒹굴던
교외의 뻴기밭에서 맡았던
그 노오란 현기증의 냄새.

우리는 떼지어
어두운 텍사스 골목을 헤매었다.
갈보들을 희롱하는
술취한 검둥이들과 어깨를 부닥치며
쓸데없이 욕지거리를 하였다.
더러운 놈,
스티키 핀커즈 그 놈이 부른 목구멍 소리.

끊임없이 침을 뱉으며
더러운 것이 핏속으로 스며드는 것 같았다.

그러나 우리들은 너무 강했으므로
우리들은 불붙이고 꺾여졌으므로
우리들의 어린 누이들이
더러운 침대에 못박히는 줄 몰랐다.
우리들의 뿌리 속에 작은 상처가
점점 커져서
우리들을 쓰러뜨리는 것을 보지 못했다.

1980년의 겨울

겨울이 우리를 협박하였다.
좋은 날은 갑자기 사라져 버렸다.
등어리가 굽은 하수인이
12월과 같이 와서, 우리들은
안으로 문을 닫아 걸었다.
끝없는 위험이 우리들의 뇌수를 덮고
그리고 무서운 잠에 빠졌다.
눈도 안오는 하늘에서
식은 바람이 무엇이라 중얼대고
지나갔다.
그것이 마음에 캥겼다.
꿈 속에서도 우리는 죽어
머나먼 땅으로 떠밀려 갔다.
어디선가 생나무 타는 소리가 나고
일순에 화안이 피는
양귀비꽃 같은 것이
우리들의 내부에서 잠시 피었다가 떨어졌다.

무엇 하나 붙잡을 것이 없었다.
그래서 우리들은 소리내어 울었다.

낯선 거리에서

저녁이 어둠처럼 몰려있는
이 거리를 걸어가면서,
상점의 불빛들과
발 밑을 내려다 보며 걷는
사람들의 어두운 얼굴이
먼 낯선 어느 거리에 온 것만 같다.

나직한 처마 밑 술집의 불빛들과
거기서 새어나오는
두런거리는 말소리와
등 뒤에서 지나가는 자동차 소리가
맞은 편 벽에 부딪혀 공허하게 울린다.

아직 아무 것도 결정되지 않았다고,
그가 말했다.
아무 것도 말해진 것이 없다고.
황혼에 위원회는 해체되었다고.

검은 가로수 아래 서서
나는 기다릴 것인가.
담배에 불을 붙이고
다시 신호등이 켜질 때까지
이 낯선 거리에서
나는 또 기다릴 것인가.

낯선 풍경 속에서

해질 무렵의 붉은 황혼 속에
거대한 기호처럼, 혹은 원전이 없는 기이한
문장에 쳐진 부호처럼 타워 크레인이
모로 고개를 숙이고,
물 없는 도시, 물 없고 모래뿐인 도시에
무너질 듯 굉음처럼 서 있네.

삼천년의 첫 세기가 온다고
타워 크레인, 황혼의 거인이
전언처럼 그리고 고통처럼 말하네.
하부구조가 무너졌다고,
물 없는 도시,
물 없고 모래뿐인 도시.

나는 정리가 안 되네, 파편으로 흩어졌네.
마른 나뭇잎이 숲을 덮네.
시처럼 세계의 시야가 무너졌다고,
어떤 의미도 의미가 없다고

나는 말하려 하네.

이 낯선 풍경 속의 기호처럼
백지 위에 나는 쓰네.
구원은 한 사람처럼 어디서 오는가고,
내 안에서 지금 무엇이
깊은 숨결 가운데로 나아가는가고,
구겨진 종이 위에 쓰려 하네.

바람에게

모든 것을 말해버릴려고 가서
아무 것도 말하지 못하고
빈 얼굴로 돌아온 아무개여,
말할 수 없는 시대에 태어나서
풀잎에게 한 줌 흙에게
너의 가슴을 내어주고
빈 얼굴로 돌아온 아무개여,
내가 말하지 않는 동안
나의 양심은 하나의 슬픔이었지만
내가 말하지 않으면 안되는 것이
오늘은 나의 슬픔이다.

봄 가을 여름을 말하고
그 사이에 놓인 꽃들의
품사를 말하는 동안
한 세대의 정신은 썩고
사람들은 중심에서 더 멀리 내몰렸다.
불같은 눈을 하고

어둠 속을 가로질러 나와
이제는 말하지 않으면 안될 때,
이 광기의 도회의 새벽 위로
신음처럼 흐린 바람이 분다.

현대백화점

달이 떠오르는 어두운 거리 끝에 그 집은 서 있다. 거대한 기념관 같기도 하고 또 어디서 본 듯도 한 북구의 호텔 같기도 한, 크기를 짐작할 수 없는 그 건물은 거리의 다른 집들과는 달리 기이한 모습을 하고 있었다. 과격하고 그로테스크한 스카이라인이 만들어내는 어두운 윤곽은 주위의 낮은 건물들을 모두 파괴하고, 폐허 위에 공룡처럼 주체할 수 없이 커버린 몸뚱이를 가진 자본과도 같이 기괴한 모습으로 우뚝 서 있는 것이다. 붉은 달이 골짜기 위로 어떤 신음처럼 떠오르면 그 모습은 더욱 기묘해서 마치 세기의 종말을 외치는 굉음처럼 몸을 부르르 떨게 한다. 사람들은 최신형의 상품을 소유하는 것이 가장 가치 있는 삶이라는 신화에 매혹되어 꿈꾸듯이 이 밤의 무서운 골짜기를 이교도의 긴 제의 행렬처럼 줄지어 들어가고 줄지어 나오는 것이다.

봉고차, 혹은 무서운 폭력이

의식의 구겨진 어떤 번들거리는 진흙길을
질주하는 봉고차가 쏜살같이 지나간다.
알 수 없는 강한 폭력이
머리채를 나꿔채고, 그리고
찢어지는 비명과 신음소리가
덜커덕 잠기는 문틈으로 터져나온다.
그것은 어떤 추락과도 같이
낭떠러지에서
어두운 골짜기 밑으로 사라진다.
봉고차는 그리고 모든 속도와 진보는
어떤 공포의 세계의
하나의 空洞이다.

오늘이 그날이듯
— 지용에게

내 이대로 살다가
어느 푸르른 가을날
국화꽃 피었다가 진 자리 같이
아무 흔적 없이 가서,

바람 불고 비 오는
봄이 돌아와
마른 그루터기에
국화꽃 새순이 돋아나면,

그 매운 그늘 뒤에
있는 듯 없는 듯
맑은 향기로 돌아와 살고 싶네,
아, 오늘이 그날인듯 살고 싶네.

3

봄 강물

구름이 반쯤 가린 산발치를 돌아
혼자 가는 저녁 어스럼길의
봄 강물.
은은한 빛깔,
은은한 빛깔로는 흰 눈발과 매화꽃을
눈썹 위에 그려넣고,
노래인 듯 울음인 듯
혼자 봄 바다로 가는
봄 강물.

지상의 밤

깊은 밤에 눈을 뜨고,
접시꽃 여름 잎들이
하늘쪽으로 지는
소리를 듣는다.

천사들은 모두 은하계의
다른 하늘로 날아 가고,
붉고 아름다운 꿈꾸며
잠자는 지상의 사람들 옆에서
나는 길을 잃고,

바람 부는 날의 설움과
흰 바다의 물거품과
모든 덧없은 것들에서 돌아 와

깊은 밤에 눈을 뜨고
큰 별이 하나 혼자 근심하며
지상의 밤을 비추고 있는 것을 본다.

빛나는 것은

별이 뜨기를 기다려
노대에 오르자.
오늘밤은 별에까지
나있는 길이 보입니다.
시인의 집 지붕 위로
크고 넓은 길이 열리고
나는 지팡이를 짚고
저 푸른 공간을 걸어 갑니다.
사는 날까지
고독은 내 안에서
더욱 무성히 자라고
나는 지상의 설움으로 있습니다.
오늘밤 별은 가까이 있고
빛나는 모든 것은
크낙한 고독임을 알겠습니다.

교외에서

앵두꽃 필 때
아직도 봄날의 한나절이 남아 있어
햇살과 초록 들판으로 이어질
대지와 우리의 기쁨이 있음을 안다.

교외의 염색 공장 굴뚝에서는
뭉툭뭉툭 검은 구름을 토해내고
아이들이 맨발로 붉은 절개지 밑
강가의 모래톱을 달릴 때
수은은 부드러운 살을 파고 들어
뇌수로 몰려와 아우성을 친다.
문명의 붉은 심장이 헐떡거리는 것처럼

자세히 보면
앵두꽃은 메마른 조화처럼
또는 잊혀지지 않는 상처처럼
가지에 다닥다닥 눌러붙어 있고,
앵두밭 사이로 난 신성한 길은,

기름이 번들거리는 강에 가서 멎어버렸다.

기쁨으로 비쳐드는 햇살과
앵두꽃과 초록 들판으로 차려놓은 제단이
교외의 풍경 뒤에 반쯤 기울어져 있다.
마치 우리들이 맞이하는 세기가
주검의 검은 잎을 토해내는 것처럼.

꽃

꽃은 그 핀 모양으로 보면 사월 초파일날 이 세상에 있는 절간이란 절간의 모든 금당과 처마 끝과 마당귀에 늘이어 놓은 연등 같기도 하고, 그리고 그 늘이인 연등의 밤 불빛 때문에 오래 잊혀진 뒤에 다시 찾아오는 수백 수천의 사람들이 일제히 외치는 함성 같기도 하다.

또, 꽃은 스무살 청년이 그 나이 또래의 처녀 아해와 처음 만나 서로 마주치던 그 빛나는 눈웃음 같기도 하고, 그 눈웃음 뒤에 지던 그윽한 설움의 그늘 같기도 하다.

꽃 핀 나무 밑에 들어와 꽃 핀 나무 아래 한나절 졸다가 깨다가, 그 연등과 연등의 밝은 불빛과 함성과 스무살 처녀 아해의 눈웃음과 눈웃음 뒤에 지던 설움의 그늘이 화엄찰해로 늙은 몸을 밀어넣어 찬란한 그 곳 소식을 훤히 볼 수 있게 하느니, 꽃이여, 아뇩다라로 몸바꾼 너 꽃이여.

불국사

모든 것이 제 자리로 돌아 온 겨울에
불국사여,
너는 이승에서 가장 제 본색을 잘 드러낸다.
비로전의 비로자나불도
가장 청명한 이승의 때에 돌아와 있고
무설전 전안의 그윽한 원음도
마침내 적묵에 들었다.

시를 생각하다가 저무는 12월.
기다림은 어느 모래 속의 별이 되어
삼천세계을 헤매어야 하나.
한없는 아픔을 견디며
어느 이슬, 어느 모래 속을 헤매어야 하나.
피 베던 봄날의 꽃들도 지고
나는 겨울 토함산 한 옆에 와서
아득한 겨울의 깊이 속에 떠 있는
불국사를 본다.

行吟

늦가을 지는 해
푸릇하게 산허리에 반만 남아,
아직 갈 길이 얼만데,
산그늘 타고 내리는 저녁
갈 길은 멀지만
이쯤 어디에서 잠깐 쉬어 갈 수야 있지.

조금 여유를 두고
마음을 넉넉하게,
돌개울 앞 오두막
늙은 주막에 앉아
막걸리 한 잔에
그 심심한 맛, 묵 한 접시.

아직 갈 길이 얼만데,
갈 길은 멀지만
이쯤 여기서 쉬어 갈 수야 있지.
조금 여유를 두고

마음을 넉넉하게,
누구에게랄 것도 없이
두런두런 얘기도 나누고.

산그늘 타고 내리는 저녁,
펄럭이는 소매 사이로
바람은 쓸쓸하게 불고,
마침내는 혼자 남는 것
아니, 살만큼 살다가 혼자 가는 것.
아직 갈 길이 얼만데,
가을 햇살 산머리에 반만 남아.

놓아 주어라

차고 건조한 공기로서의 눈,
창의 눈,
나의 원근법으로서의 창.

내 속에서 자라던 밤의 안드로페와
가을 속으로 머리를 내민
황금의 해바라기와
나의 이마 위에 빛나던
백악의 팔공산이,

이제는 투명한 대기 속에
제 모습을 보이게 되었다.
놓아 주어라 놓아 주어라
혹은 다만 있는 그것으로,

저 밤의 안드로페를
무한 공간 끝에,
그리고 가을 속에 바스라진

황금의 해바라기를 대지의 살에

그리고 흰 눈을 머리에 쓴 팔공산이
저녁 한 때 암갈색의 제 살빛을
푸르게 드러낼 때,
다만 있는 그것으로

비슬산

비슬산은 언제나
우리 눈보다 한 치 정도 높다.
한 치 정도의 여유를
그 품에 지니고 있다.

봄부터 여름까지
그는 아지랭이 같은
매운 이내를 쓰고
있는 듯 없는 듯
그 봉상에 밋밋하게 누워 있지만

소내기와 벼락과 먼 우레의 한 철이 지나면
가을 푸르른 하루를 가려
희게 바래어 화안한
무명 두루마기 같은 것을 차려 입고

크고 두렷한
활개짓이나 한 번 치며, 그는

대구의 중앙통까지
성큼 내려와 선다.

모르기는 몰라도
이처럼 이마가 수려한 사람의
큰 걸음새가
대구에 더러 있기는 있다.

발돋움하여

—탑에게

발돋움하여 발돋움하여
너는 왜 날 수 없는가,
어느 새벽을 기다려
너는 네가 그리워 하는 하늘로
왜 날 수 없는가.

지상을 떠나
극락조같이 먼 바다의 신천옹처럼
네가 꿈꾸는 무한자유 속으로
왜 날 수 없는가.

이 낮은 땅에 발을 딛고
너는 네가 그리워하는
의미의 무게를
온 몸으로 받쳐들고
영원쪽으로 몸을 내밀고 있지만,

너는 왜 날 수 없는가.

마치 머리를 구름 위에 두고
발은 지상에 묶여 있는
인간의 슬픈 표상처럼.

12월

겨울은 오히려 따스하였다.
어두운 항아리 속
가을 과일들도 절이 삭고
맑은 향기가 돌아
우리의 기도처럼 그윽한 때,

겨울은 오히려 따스하였다.
언 땅에서
줄기를 밀어올리던 그 힘이
대지의 뜨거운 중심을 향해
몸을 부둥켜 안을 때,

여름 소내기와 붉은 우레를 지나
먼 길에서 돌아온 사람처럼
피곤한 영혼이
제 자리에 몸을 눕힐 때
12월은 오히려 따스하였다.

대구 근교

길은 대구 근교에서
모두 끊어져 버렸다.
사람들은 어딘가에 대고 투덜거리다가
마침내 잠잠해지고 체념인듯
골짜기 위로 붉은 달이 뜬다.
밤의 이 무거운 풍경
십리 이십리 끝없이 이어진
엎드린 단단한 커다란 행렬,
어디서 누가 마침내 쓰러지는지
늪에 몸을 던지는지
골짜기 위로 긴 신음소리가 달려올라 갔다.

기쁜 날

오늘 아침 비슬산은
풋풋한 맨살을 드러내고
푸른 이내 속에 누워 있다.

일년중 이 젊은 처녀가
칡꽃빛 맨살을 드러내고
봉상에 드러누워 있는 것은
7월과 10월의 한 열흘

풋풋한 제 몸의 살결로
살아 있는 모든 것의 기쁨을
우리 앞으로 흘려 보내면서,
우리들의 답답한 가슴쪽으로
흘려 보내면서,

슬픔이 이는 날은
그러나 조금만 슬프게,
기쁜날은 또 그저 조금만 기쁘게,

우리들의 가난처럼
숫되게 숫되게 누워 있다.

그리운 이여,
비슬산 저 처녀의
맨살의 풋풋하고 숫된 기쁨을
그대도 기뻐하고 있는지.

팔공산

팔공산도 그 흐름을 본다면
멀리서 굽이치는 큰 강물과 같다.
시월 상달 하늘에서 내리붓는
눈부신 햇살과 바람도
이제 물끼 같은 여린 살은 죄다 가시고
마른 과육처럼 절이 삭은 때,
강도 여름날의 한숨과 아우성과
번쩍이는 우레와 낭비를 모두 거두고
제자리로 돌아와 수묵빛으로 흐르는 것을 보면,
팔공산도 그 흐름으로 친다면
멀리서 굽이치는 큰 강물과 같다.

동봉이나 서봉에서 가산까지
저 유유한 높이는
우리들의 정신이 둥지를 트는
대기의 높이,
고달픈 삶이 이마에 손을 얹고 땀을 개이는 서늘한
한 때,

혹은 가난한 이웃이 서로 등을 기대고 앉아
그 무던한 눈을 들어 바라보는 산,
답답한 가슴들이
그득히 고여 내리는 바람과 햇살을 바라
함께 나와 서서 바라보는 산,
팔공산도 그 흐름으로 친다면
멀리서 굽이치는 큰 강물과 같다.

집을 묻기에

내 집은 강 건너
꽃 피는 둔덕
강 건너에 있다네.

여기는 바람이 불고
눈이 내리는 곳,
때가 지나면 쓸쓸하게
배가 고픈 곳.

내 집은 강 건너
구름 엉기는 곳,
불그레한 얼굴들이
이웃해 사는 강 건너 있다네.

눈물

비슬산이 그 이마를 투명하게 드러낸다.
청색과 담홍빛 사이
머리 푼 천사가 날아간다.
눈썹에 어리는 눈물,
천사는 어깨에 은종이의 날개를 달고
눈물의 무게 때문에
그쪽으로 약간 기울어 있다.
어리디 어린 눈물, 대낮.

4

戲言

안개와 구름 위에 배를 띄워 이 무심한 하늘에 와 닿는다. 가야산의 한 경계에서 상생비상천의 하늘에 이르니 팔만사천 장경각이 무겁다. 일시에 팔만사천 법문을 바다에 던진다. 아무개 노장은 백련암에서 이 소식을 보지 못했나.

석남꽃

석남사
석남꽃 피는 것
보러 갔지요.
어려서 중노릇 가
아득히 소식 끊인
오라버니 행방
석남사
석남꽃에게 물어 보았지요.

여름날

비 갠 한낮,
백일홍 꽃 핀 가지 위에
바람이 조을듯 와서 머문다.
이마 위 멧부리에는
천이백 구름 아라한
비상천의 한 하늘에 들었는데,
술시에 우렁우렁 우는 법고.

行吟別章

뻐꾸기는 칡꽃 피는 산봉우리에서
그 울음 소리를 끝내지 않고
명창 花中仙이를 무등 태워
이쪽으로 내려오고 있고,

천산북로 오뉴월의 서릿길,
나귀는 내 마음의 經을 싣고
또 이쪽으로 오고 있고,

하늘에는 나직한 바람,
죄 안 묻어 저러코롬 맑은
선연한 연꽃을 피워 들고
내 있는 쪽으로 오고 있고,

어디서 더디게 더디게
신발 끄는 소리,
먼디서, 그래 오오냐
대답하는 소리.

散調

만월, 평조 대금
대피리 댓바람 소리
그 울음 넘어, 청명 그 넘어
만월과 평조 대금 넘어
댓바람 넘어 멀리멀리,
妙寂한 그것
앉은 자리가 없는 그것.

쑥대머리 · 1

임방울이라는 사내는
작으마한 키에 둥싯한 몸매,
옥중가를 부르는데 그 소리가
이 세상 남빛 가운데서
제일로 촉기 있고 빛나는 쪽빛으로
하늘에 색신을 내어,
고부 동학농민봉기 때 죄 얻어
봉두난발로 남문 밖에 효수되어
눈 감지 못하던 그 눈빛으로 바라보았던
천리의 산하가 처연하게 비추어 있으니,
그 소리 한자락 베고
오늘은 쑥대머리 시름을 잠들려 하네.

쑥대머리 · 2

나는 다시 이 팍팍한 메마른
고미 다락방에서 나와
낡은 책장 사이를 걸어나와
여름 쏘내기 속으로 가로질러 가야겠다.
밤과 바람과 우레가 내는
저 번쩍이는 길을 따라,

나는 다시 팍팍한 이 메마른
고미 다락방에서 나와
여름 쏘내기 속으로
쑥대머리 난발하고
임방울의 촉기와 계면조로
밤과 바람과 벼락이 내는
저 번쩍이는 별을 따라
다시 길을 나서야겠다.

바다 소리 속에는

바다 소리 속에는
합천 초개에 시집가 사는
우리 누님의 처녀적 웃음소리가
들어 있고,

바다 소리 속에는
또 사월 초파일 연등 불빛과
연등 아래 나들이 가시던
돌아가신 우리 어머니의 젊었을 적 한숨도
비쳐 들어 있고,

이 세상의 왼갖 새들
쑥꾹새와 뻐꾹새 소리와
그 울음소리 뒤에 피던
철쭉꽃과 영산홍과 백일홍이
거기 비쳐 들어 있고,

구례 국창 송만갑이 부르는

바디와 더늠
우렁찬 동편제 소리가 들어 있고,

바다 소리 속에는
또 이것을 낱낱이 부수었다가
수놓 듯 다시 모아 들이는
더 큰 圓通의 소리가 들어 있고.

연꽃과

올 여름 내 마음은 투명한 옥색으로 더욱 맑아졌습니다. 넉넉한 호수처럼 하늘에 구름을 띄우고 아침으로 벙그는 연꽃도 못물 위에 그득히 피웠습니다.

연꽃과 구름과 하늘의 이 화안한 나날을 나는 아무 근심 없이 내가 기다리는 그 분에게 모두 내어 바칠 수 있을 듯 합니다.

기다리던 그 분이 오시지 않아 이 연꽃과 구름과 하늘이 시들어버리고 말면 나는 또 다른 한 세상에 가서 그 분을 위한 기다림으로 꽃을 피울 것입니다.

失題

중앙아시아 넘어
키르기즈와 천산산맥 넘어
나귀는 내 마음의 경을 싣고
돌자갈 길을 걸어오고 있고,
반도의 내륙
진눈개비 내리는 대구땅에
하늘에서 선이 귀신의 기침소리 들리는
이 나즈막한 街路에서
나는 손을 저었다가 거두고
손을 저었다가 거두고.

偶吟

서릿발 허옇게 내린
휘젓한 뜰에
국화꽃 매운 향기 깊어라.

사는 일은 날로 고적하고
사랑은 마음 아파라.
기다리는 사람도 없이 뜰에 나서면,

국화꽃 향그러운 몸,
우리들의 이 마지막 꽃이
푸른 광명쪽으로 우리를 밀어올리나니.

마음은 언제나
국화꽃이 밀어올리는 저 국화꽃 하늘로서
푸르고 청명하게 지낼 일이어라.

눈 마주쳐

上代池 蓮花
이승에서 가장 광명한 날
등불을 켠 상대지 연화,
이 경계에서 눈 마주쳤으리.
전생을 다녀오듯
연꽃 속으로 길이 열려,
전생을 다녀오듯
연꽃 속으로 길이 열려,
서넛 선남녀
저음 보는 童子이듯
처음 만난 童女이듯.

가을물

— 미당調로

가을물 또 반짝이누나.
가을물은 무슨 그리움이 남아 있어
아직도 가슴에 무슨 설움이 남아 있어
저리 눈부시게 반짝이는가.

다 못해 견디어낸
내 한 평생 꺾이지 않은 그리움과 설움을
저 물 아래 묻어두고 가려했는데
가을물은 왜 또 저렇게 반짝이는가.

송만갑의 동편제,
송만갑의 소리로도 풀리지 않고
동편제의 울력으로도 잠재울 수 없는
덜 삭은 동아줄이 아직 남아 있는가.

가을물 또 반짝이누나
가을물은 무슨 그리움이 남아 있어

아직도 가슴에 무슨 설움이 남아 있어
저리도 눈부시게 반짝이는가.

봄 햇볕

미당이 먼저 뜨시고
뒤를 따라
대여 선생이 자리를 뜨니
잔치집이 다 빈 자리로다.

한 시간이나 두어 시간,
노래 끝에 남은 어지러운 자리를
집사 노릇으로 정리해서
뒤에 올 사람의 자리를 비워놓고,
나도 잔치집을 여기서 하직하리.

영산홍도 죽도화도 지금 꽃필 때,
이 머스마 이 여스가가 무슨 일 났남,
눗날 같이 쏟아지는 봄 햇볕.

산에는 피는 꽃
바다에는 지는 꽃

영산홍 꽃잎에는 산이 어리고
죽도화 꽃잎에는 바다가 잠기고.

小曲

평생 동안 쓴 시를 모두 버리고
그 중 한 두어 편을 거두어
아침나절 김을 맬 한 뙈기밭.
어디 고향 가까이,

책을 버리고
노에마로 부푼 말의 의미를
마침내 버리고
거기 고이는 한 줄기 寂寥.

그리고 고골리의 밀집 모자 하나,
해질 무렵, 해질 무렵은 시인의 위안,
해질 무렵의 茶錢一飯
아, 구름과 바람 엉기는 곳
어디 고향 가까이.

고독의 書

— 돌아가신 어머님께

가을이 다시 차게 빛난다.
차고 서느러운 것으로
대지에 깊게 가라앉는다.
해바라기의 금빛 갈기는
몽상하는 정신으로 더욱 靈化되고
모든 꽃과 열매의 순서들이
더욱 차고 서늘한 쪽으로
몸을 눕힌다.
보아라,
대지인 어머니의 보오얀 얼굴을,
손끝에 와 닿는 이 나긋한 차가움,
모든 꽃과 열매들이
어머니의 향기로운 시신 위에 떨어지는 것을.

연꽃 벙그는

새벽은 멀리서 더디 샌다.
서천에는 머리 푼 달이 떠가고
울고 있는 웃고 있는
울고 있는 웃고 있는
네 웃섶 너머, 눈그리매 너머
벙그는 연꽃 한 자리.

靑蛙

비 들자
토란잎에 앉은 개구리,
세계가 동그랗게 오무라든다.
작은 靑蛙.

R형에게

R형, 보내주신 혜서 반갑게 받아 보았습니다. 그동안 적조했습니다. 가족과 고향에 살면서 낮에는 농사를 짓고 들어와서는 사색하는 독서인으로 사는 R형이 부럽습니다.

돌아보면 R형과 저와는 고등학교 시절을 함께 보내면서 그때 R형은 헷세를 좋아하여 그의 시와 소설을 모두 찾아 독파하고, 또 헷세의 시 「구름」을 연상시키는 시를 써서 교지에 싣기도 했지요. 그 뒤 형은 대학을 중도에 그만 두고, 회사원 노릇도 하고 TV 부품 공장을 운영하면서 상당한 재산을 모으기도 했습니다. 그러더니 홀연히 고향으로 돌아가 농사일을 시작했지요.

금년 봄에는 붉은 황토흙으로 초당을 지어 햇살이 잘 드는 창 앞에 매화를 심고 서재를 꾸며 농사꾼으로는 분에 넘치는 호사를 누린다고 했으니, 스스로 생각컨데 그 자적(自適)함이 조금도 넘침이 없습니다.

편지에 문의해 오신 한 가지 질문은 저로서도 아직 확연하게 정리된 생각이 없고 마침 그 문제에 대한 생각을 저도 오랫동안 해오고 있었습니다만, 더 정확히 말하면 내 안에서 그 생각이 스스로 성숙하기를 기다리고 있었습니다. 설사 정리되었다고 하더라도 무엇이라고 선뜻 말하기가 쉽지 않습니다.

R형은 다산(茶山)이 적소에서 아들에게 보낸 서간 중에 나오는 한 절을 인용하면서, 「기(氣)」에 대한 것을 물었습니다. 그리고 「기」가 현대시에서 말하는 「정서」와는 서로 어떤 관계가 있는가 하는 문제였습니다. 거기에 대한 저의 생각은 대체로 이렇습니다.

다산이 산 조선조 후기에 「기」라는 말은 대개 기질(氣質)과 기상(氣象)이라는 의미로 쓰였습니다. 기질은 시의 내용이 되는 지(志), 즉 잘 기루어 가진 심성을 뜻하고, 기상은 심성이 시로 구체화되어 나타난 품격을 말합니다. 조선 전기에는 기라고 하면 도(道)를 뜻하고, 도는 성리학에서 말하는 존심양성(存心養性)과 성정지정(性情之正)을 가리켰습니다만, 조선조의 문학이념이 재도론(載道論)에서 천기론(天機論)으로 진전된 후기에 오면 기의 의미가 폭넓게 해석되어 타고난 개성, 그리고 후천적으로 양성한 기질, 천품 등을 의미했습니다. 다산은 개성과 기질을 중요시했다기보다 도(道)와 지(志)를 중시했습니다. 다산이 쓴 「동원유고서(東圓遺稿序)」에는 '문이재도 시언지자야(文以

載道 詩言志者也)' 라는 말이 보입니다. 즉 글이란 도를 싣는 것이고 시는 뜻을 말하는 것이라고 했습니다. 시가 도를 싣는 뜻이 있어야 한다는 재도론은 조선조에서 일관되게 도학가와 사림파를 지배했던 도문일치(道文一致)의 문학관이었습니다.

그러니까 시는 먼저 심성을 온후하게 하고 성정을 바르게 하는 도를 갖추어야 좋은 시가 된다는 것입니다. 다산은 강진에서 오랫동안 유배생활을 한 몰락한 사족이면서도 주자주의적 문학관을 버리지 못했다고 할 수 있지요. 그러나 다산이 산 18세기 후반에서 19세기 초에 이르는 시기는 역사의 전환기로 도문일치론보다는 시인의 개인적인 기질과 천품, 개성이 더욱 중요시되는, 이를테면 자아에 대한 근대적 자각이 활발하게 일어난 시기지요.

조선조 시화(詩話)에서 말하는 기가 현대시에서 주장하는 정서와는 어떻게 관련되겠는가 하는 문제는 참으로 어려운 질문입니다. 정서라는 말마디에 정확한 현대적 의미를 부여한 사람은 T.S. 엘리어트입니다. 엘리어트는 감정(feeling)과 정서(emotion)를 구별하고, 감정이 대상에 대한 실제의 느낌, 즉 욕망과 무질서와 혼란으로 뒤섞여있는 경험이라면, 정서는 예술작품(그리고 시작품)이 형상화해서 환기해주는 대상에 대한 통일되고 질서 있게 조직된 심적 경험을 가리킵니다.

엘리어트는 경험적 자아와 창조적 자아를 구분하고 감정이 경험적 자아의 생활감정이라면, 정서는 창조적 자아의 반성적인(생활감정을 되돌아보고 질서화하는) 정조를 뜻합니다. 그러니까 정서는 우리 전통시화에서 말하는 기질(氣質)과는 상당히 다르다는 생각이 듭니다. 기질이 타고난 개성과 천품이라면 정서는 개성과 천품이 거기에서만 머무는 것이 아니라 개성과 천품을 가치 있는 전통과 질서와 규율로 정화한 감정입니다. 그러므로 정서는 기질보다 오히려 기상(氣象)과 통합니다. 기상이 시에 나타난 정서의 품격이라고 앞에서 말했습니다만 정서는 품격을 지닌 감정이라고 할 수 있지요.

엘리어트는 현대문명을 불신했습니다. 현대문명을 욕망과 소유욕이 지배하는 부르조아 개인주의 이데올로기의 산물로 보았습니다. 개인주의의 산물인 개성과 감정은 조야하고 불완전해서 욕망에 물들어 있습니다. 엘리어트는 그러한 개성과 감정을 넘어서서 정화되고 절제된 정서를 시와 문학의 본령으로 보았습니다.

'90년대 이후 우리 시는 너무 감정의 차원으로 흐르는 느낌이 없지 않습니다. 욕망과 뒤엉킨 감정은 창광

방일(猖狂放溢)하고 빈 수레 같아 시끄럽기만 합니다. 감정을 정서의 차원으로 승화시키는 노력이 필요하다고 봅니다. 기상과 정서를 지닌 시를 옛사람들은 담박(澹泊)이라는 말로 제일 귀하게 여겼습니다.

R형, 소졸한 말이 길어졌습니다. 백로 지나니 별에서도 풀벌레 소리가 들리는 듯합니다. 박성룡 시인이 말한 것처럼 풀벌레 소리가 강물을 이루고 다 흘러가고 나면 그제야 저는 가을 속으로 한번 나서보려고 합니다.

세속에 살면서도 세속을 떠나 시인보다 더욱 담박하고 고아한 모습을 지키는 R형께 존경과 찬사를 보냅니다. 이만 각필.

권 국 명

1942년 경북 고령에서 태어나
경북대학교 인문대학 국문과를 졸업했다.
1964년 『현대문학』으로 등단하고
시집 『그리운 사랑이 돌아와 있으리라』, 『으능나무 금빛 몸』을 출간하다.
현재 대구가톨릭대학교 인문대학 국문과 교수로 재직 중이다.

초록 교신

초판 인쇄 / 2006년 12월 20일
초판 발행 / 2006년 12월 25일

지은이 / 권 국 명
펴낸이 / 박 진 환

펴낸곳 / 만인사
등록번호 / 1996년 4월 20일 제03-01-306호
주소 / 대구광역시 중구 대봉2동 743-7번지
전화 / (053)422-0550
팩시밀리 / (053)426-9543
E-mail:maninsa@hanmail.net

ISBN 89-88915-71-2

값 6,000원